I'm going to be a
BIG SISTER

This Activity Coloring Book
belongs to:

_____

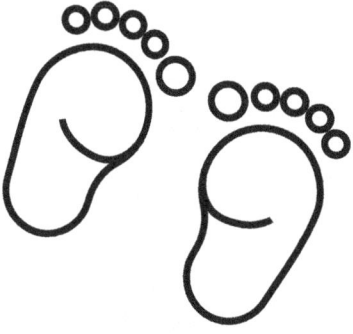

BIG SISTER is the best HELPER

Color in the special BABY THINGS

I always play with YOU

Color in the TOY for the New BABY

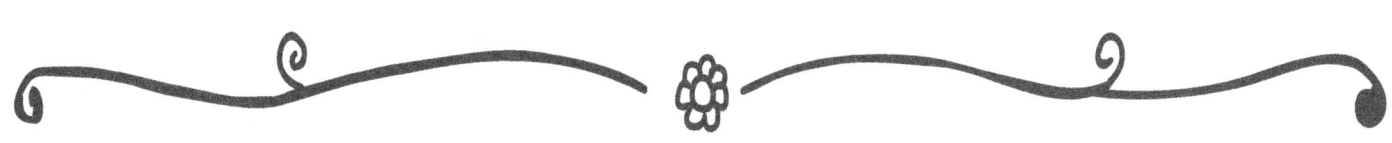

Circle the picture that is different

  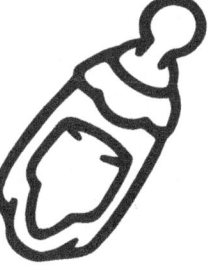 

I'm there when You need

Help the new baby find the TOY

Decorate
the BIG SISTER's dress

Color in what BABY NEEDS

I'm so lucky to be a BIG SISTER

Spot the difference
Find 6 differences

I'm going to Bee a...

BIG SISTER

Draw a line to match the BIG SISTERS to their NEW SIBLINGS

Color in the TOY for the New BABY

Love

You are loving BIG SISTER

Help the new baby find the TOY

I love being a BIG SISTER!